Vigo y su Ría

Editorial Everest le agradece la confianza depositada en nosotros al adquirir este libro, elaborado por un amplio y completo equipo de Publicaciones formado por fotógrafos, ilustradores y autores especializados en turismo, junto a nuestro moderno departamento de cartografía. Everest le garantiza la total actualización de los datos contenidos en la presente obra hasta el momento de su publicación, y le invita a comunicarnos toda información que ayude a la mejora de nuestras guías, porque nuestro objetivo es ofrecerle siempre un
TURISMO CON CALIDAD.

Puede enviarnos sus comentarios a:
Editorial Everest. Dpto. de Turismo
Apartado 339 – 24080 León (España)
e-mail: turismo@everest.es

Dirección editorial: Raquel López Varela

Coordinación editorial: Eva María Fernández, Irene Penas

Texto: Rubén C. Lois González

Fotografías: Miguel Sánchez y Puri Lozano, Archivo Everest

Diseño de cubierta: Alfredo Anievas

© EDITORIAL EVEREST, S. A.
Carretera León-La Coruña, km 5 - LEÓN
ISBN: 84-241-0272-X
Depósito legal: LE. 1.075-2001
Printed in Spain - Impreso en España

EDITORIAL EVERGRÁFICAS, S. L.
Carretera León-La Coruña, km 5
LEÓN (España)

Introducción

La *ría baixa* situada más al sur organiza un área de enorme atractivo paisajístico e intensa humanización. Desde el privilegiado mirador de Rande, al pie de este singular entrante del mar en tierra, se observa cómo las casas van ascendiendo por las laderas de la península del Morrazo, cómo el propio espacio marino ha sido colonizado por las bateas mejilloneras o las instalaciones portuario-industriales instaladas en rellenos, y cómo la ciudad más poblada de Galicia (casi 300.000 habitantes) se desparrama por varias decenas de kilómetros cuadrados.

El número de entidades habitadas de este amplio espacio es incalculable, a pesar de que exista bastante continuidad edificativa entre ellas, y la diversificación de actividades que se desarrollan en esta área impresionante. En Vigo y sus entornos se constata la presencia de distintos tipos de agricultura intensiva, pesca en todas sus modalidades, industria de bienes de consumo con una notable tradición, turismo y comercio, sectores económicos que muchas veces aparecen entrelazados en un marco que diversos autores han denominado como de pluriactividad.

Vigo. Vista nocturna.

La naturaleza, con la propia disposición de la ría y la marcada benignidad climática, ha ayudado a este dinamismo productivo. Por eso la urbanización y el proceso industrial impulsados desde el siglo XIX han convertido a estos territorios litorales en un auténtico y bastante original hormiguero humano en el que residen más del 15% de los habitantes de Galicia.

Vista desde A Peneda.

Vigo

Vigo es una ciudad llena de curiosidades. La primera de ellas que a pesar de ser la principal urbe de Galicia por número de habitantes (exactamente 286.774 en 1996), también encabeza las estadísticas gallegas en cuanto a la cifra de titulares de las explotaciones agrarias. En una lectura apresurada, la más urbana y la más rural, si bien todo tiene su explicación. El espectacular crecimiento del núcleo desde hace doscientos años, debido a su pujanza portuaria e industrial, supuso la anexión de una serie de entidades y parroquias próximas, como las que conformaban los antiguos municipios de Bouzas y Lavadores.

A la derecha, puente de Rande.

Vigo desde O Castro.

Las gentes de estos espacios desarrollan buena parte de su actividad laboral en relación a Vigo, pero en muchos casos continúan residiendo en su vivienda unifamiliar y cultivando los escasos terrenos adyacentes a la misma.

De hecho, si nos fijamos con atención en el paisaje urbano vigués, podremos distinguir un centro ciudadano que ha crecido en altura, de edificación compacta, y multitud de áreas periféricas ocupadas por miles de viviendas de una o dos plantas que se emplazan en los sectores montuosos de los bordes del término municipal. Teniendo en cuenta las discontinuidades que impone la ría, lo mismo ocurre con Cangas y Moaña, que actúan como si de barrios o parroquias de Vigo se tratase. La urbanización difusa, de la que tanto se habla en la actualidad, ha sido consustancial al crecimiento de todo este espacio del litoral sur de Galicia.

Una buena forma de iniciar un recorrido por la ciudad de Vigo es partiendo de su **puerto**, concretamente de su Estación Marítima, muy activa, ya que sirve de embarque a los vapores de pasaje que comunican la urbe con Cangas y Moaña o con las Illas Cíes en el período estival. Desde finales del siglo XVIII, el puerto actuó como motor indiscutible de crecimiento del núcleo.

En la doble página anterior, Vigo desde el Morrazo.   *Vista del puerto vigués.*

Es en este momento cuando, liberado del control que ejercía sobre él la Iglesia compostelana, comienza a competir en condiciones muy favorables con su gran rival, Baiona. De hecho, el puerto de Baiona empezaba a mostrar graves inconvenientes para el atraque de los barcos debido al escaso calado de su ría frente al emplazamiento de Vigo, más resguardado y situado en un lugar de aguas profundas. También desde el siglo XVIII, la posibilidad de comerciar con América una vez desaparecido el monopolio de la Casa de Contratación de Sevilla supuso un notable impulso para la ciudad. Una ciudad portuaria que muy pronto se convertirá en uno de los principales puntos de embarque de los miles de emigrantes gallegos que trataban de iniciar una nueva vida en Ultramar, especialmente en el tránsito de los siglos XIX y XX. El tráfico del puerto justificó la consolidación de un gran número de empresas en la urbe, sobre todo en las calles próximas a los muelles, en las que aún es posible distinguir algunos magníficos ejemplos de edificación de hace cien años. Se han elaborado diversos proyectos de *Abrir Vigo ó Mar*, con el objetivo de embellecer todo este sector y procurar una conexión más fácil entre el puerto y el resto del espacio urbano.

Otra vista del puerto y monumento a los Galeones.

Detalle del puerto y, a la derecha, puerto deportivo.

Desde los entornos de la Estación Marítima podemos contemplar un frente de casas marineras asoportaladas, conocido como **el Berbés**, tradicional barrio pesquero de la población. Como se refleja en numerosas fotos de época, hace unos cien años el mar llegaba hasta los mismos soportales; todo el espacio urbanizado más allá es el resultado de un proceso continuo de ir ganando terreno a la Ría. Si el puerto comercial fue un factor decisivo para el progreso del núcleo, su actividad pesquera no le quedó a la zaga. A partir de 1880, la introducción de nuevas técnicas de conservación de pescado y las mejoras que tuvieron lugar en la construcción de barcos se tradujeron en un auge sin precedentes de la flota local, orientada a la captura de la sardina.

Puerto deportivo.

Marisqueo en la playa de Samil.

A la derecha, el Berbés, barrio pesquero de Vigo.

La integración registrada entre pesca, industria transformadora y construcción de barcos hizo posible que, a comienzos del siglo XX, las conservas de Vigo copasen el mercado español y tuviesen una significativa presencia en el europeo.

Esta vocación pesquera e industrial se ha mantenido hasta la actualidad, convirtiendo a la ciudad en el primer puerto por descargas de pescado de toda Europa, así como en la sede de algunas de las principales empresas del continente en elaboración del producto preparado. En cualquier caso, el barrio del Berbés ha perdido su antigua funcionalidad como lugar adonde llegaban las riquezas del mar para su comercialización, y en la actualidad aparece orientado hacia el negocio hostelero.

Barco amarrado en el puerto vigués.   *Abajo, establecimiento hostelero del Berbés.*

Fachadas del casco histórico de Vigo.

El **casco histórico** de Vigo posee un conjunto de potencialidades estéticas un tanto descuidadas, debido a su estado de relativa degradación en el presente. A este respecto, quizá el carácter moderno e industrioso de la urbe ha hecho olvidar un tanto su notable legado histórico. En su interior, el Mercado da Pedra merece una visita para admirar o comprar en sus numerosas tiendas dedicadas a la venta, entre otros, de radios, cámaras fotográficas y tabaco. Los domingos una práctica recomendable consiste en adquirir ostras en los puestos instalados a tal efecto y consumirlas en un bar próximo que nos proporcionará el vino.

Mercado da Pedra, con sus típicos puestos de ostras frescas.

Dentro del casco antiguo también interesa detenerse en la concatedral neoclásica y en la Praza da Constitución, un espacio aceptablemente bien rehabilitado que nos muestra las posibilidades de intervención urbanística que posee todo este sector. Prácticamente contigua a la Praza da Constitución se encuentra la Porta do Sol, en terrenos que antaño quedaban fuera del recinto amurallado. Antiguo lugar de celebración de mercados del núcleo, en la actualidad conforma el centro simbólico del mismo, con prolongaciones hacia la calle del Príncipe (peatonal y comercial), Policarpo Sanz y García Barbón.

A la derecha, soportales de la Praza da Constitución.

Otra imagen de la Praza da Constitución.

A la derecha, Rúa dos Cesteiros.

*Artesana de la casa
del Cesteiro.*

El conjunto de esta área merece particularmente la pena, tanto por mostrarnos excelentes ejemplos de edificios de finales del XIX y comienzos del XX, expresivos del poder económico que alcanzó la población en este período, como por la contemplación de numerosos establecimientos minoristas que hoy en día definen el centro funcional de la urbe.

*Edificio
García Barbón.*

Entre las construcciones singulares de este espacio, el **edificio García Barbón** (localizado en la calle Policarpo Sanz y no en la García Barbón, como se pudiera pensar), utilizado en el presente con fines culturales, destaca sobre los restantes. El García Barbón fue construido por el arquitecto porriñés Antonio Palacios, autor entre otros del Edificio de Correos de Madrid. Aunque sus cimientos datan de 1911, no se inauguró hasta 1927. Estilísticamente responde a una tipología ecléctica de raíz francesa y lujosa decoración interior.

Puerta del Sol.

Plaza del Sol y arranque de Policarpo Sanz.

Abajo, calle Policarpo Sanz.

Junto al García Barbón hay que señalar otros ejemplos de la pujanza de Vigo hace cien años: el edificio de Hotel Moderno, de 1897, obra del polaco Pacewicz y situado en el arranque de la calle Policarpo Sanz, y el edificio número 22 de esa misma vía, uno de los mejores ejemplos del tránsito entre el *art déco* y el funcionalismo de toda Galicia.

A la derecha, edificio modernista de la Plaza del Sol.

Puerta del Sol.

Bajando desde la calle García Barbón en dirección al mar, podremos recrearnos en otra área urbana de interés, **la Alameda**, donde la burguesía viguesa de principios del siglo XX proyectó realizar un ensanche del núcleo que, desgraciadamente, sólo pudo materializarse en una mínima parte. En esta área de ribera, se distinguen, aparte de la Alameda, el denominado Areal y un sector del puerto de Vigo. Se trata de un conjunto de calles que pretenden ser mejoradas para su disfrute colectivo mediante proyectos de acondicionamiento y peatonalización, ya que definen un espacio con cierta especialización en el ocio, con proliferación de bares, cafeterías, restaurantes y pubs.

El eje configurado por las calles Colón, el inicio de Urzáiz y la Gran Vía se nos presenta como la otra parte del dinámico centro urbano. Un área donde se aprecia la importancia de una ciudad que necesita recurrir a amplias avenidas para canalizar su tráfico interno.

Calle Policarpo Sanz.

Fortificación del Monte do Castro.

A la derecha, vista del espacio recreativo de O Castro.

Estanque en los jardines del Monte do Castro.

La **Gran Vía**, proyectada en los cuarenta a imitación de los ejemplos de otras ciudades españolas, permitió resolver el problema urbanístico que suponía el emplazamiento del Monte do Castro para el desarrollo de la ciudad hacia el Oeste. De hecho, su finalización en la Praza das Travesas hace posible definir el arranque de un nuevo sector urbano densamente poblado (Coia, A Florida, Fragoso, Balaídos, Avda. Castrelos), levantado en su mayoría en las décadas de los sesenta y setenta. Por lo que se refiere al **Monte do Castro,** su carácter privilegiado como mirador sobre la ciudad y la ría (se trata de un antiguo asentamiento protohistórico, aprovechado luego para usos militares), aconseja un recorrido por el mismo con el tiempo necesario para disfrutar de sus jardines, ruinas y, sobre todo, sus vistas.

Otro punto elevado del núcleo, al este del mismo y excelente por sus amplias perspectivas, es el mirador de A Guía.

Vista de la Ría desde O Castro.

Parque de Castrelos.

Un espacio algo periférico, al que podemos llegar fácilmente desde la Praza das Travesas, es **Castrelos**, que cuenta con un agradable parque, la iglesia de Santa María, del siglo XIII, y el pazo de Castrelos, donde se ubica el Museo Quiñones de León. El interés del recorrido por sus salas se centra en dos posibilidades diferentes: contemplar su pinacoteca, con obras que van desde la pintura europea del barroco hasta lo más representativo de la *galega* contemporánea (Pérez Villamil, Laxeiro, Julia Minguillón, etc.) y/o dirigirse a sus salas de contenido arqueológico.

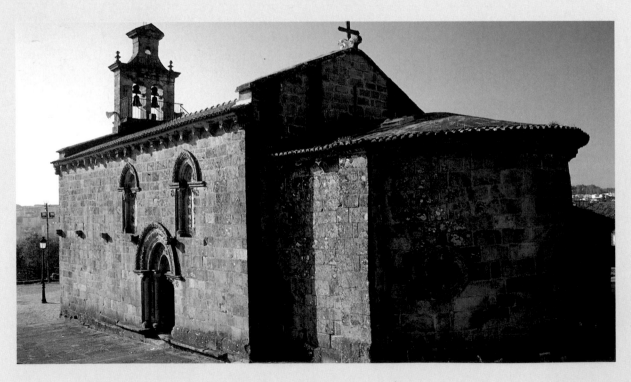

Iglesia de Santa María, en Castrelos.

Desde un punto de vista arquitectónico, no debemos pasar por alto que la iglesia de Castrelos, de traza románica, es la más antigua de la ciudad y contiene pinturas murales góticas de finales del siglo XV o inicios del XVI. Por su parte, el pazo se desarrolló a partir de la existencia de una torre-fortaleza del siglo XVII, que fue utilizada contra los portugueses en la guerra de Independencia (o de *restauraçao)* del país vecino.

Para las personas más interesadas en conocer los pilares sobre los que se asienta la riqueza actual de Vigo, resulta aconsejable seguir un recorrido por la línea costera entre el Berbés y Bouzas, para observar el emplazamiento de los grandes astilleros de la ciudad y, por supuesto, acercarse a la zona franca del Puerto, clave para entender la segunda fase de industrialización local a partir de la década que se inicia en el año 1950.

Portada de la iglesia de Castrelos.

Detalle de los capiteles de la portada de la iglesia de Castrelos.

Parque de Castrelos.   *A la derecha, pazo de Castrelos, sede del Museo Quiñones de León.*

Vigo. Área portuaria.

Museo Quiñones de León.

Una zona franca es un área portuaria especial en la que las importaciones y exportaciones de productos se benefician de una notable reducción de aranceles. Aunque la Unión Europea limita las ventajas de las zonas francas, en Vigo su creación facilitó la instalación, entre otras muchas, de la multinacional francesa del automóvil Citröen.

La Citröen y sus industrias auxiliares emplean a cerca de 15.000 trabajadores en la actualidad, y constituyen uno de los principales motores de desarrollo de la aglomeración urbana viguesa. Por su parte, el lugar de radicación de zona franca (**Bouzas**), es un antiguo pueblo pesquero absorbido por el crecimiento de la ciudad a comienzos del siglo XX.

Escudo nobiliario del pazo de Castrelos.

Arriba, escultura central de la Plaza de Europa.

Caballos de la Plaza de España.

A la derecha, Monumento al Trabajo.

No obstante, el trazado de sus calles todavía revela cuál fue el origen de este núcleo, hoy convertido en un barrio de Vigo que conserva cierto encanto y una personalidad marcada. Por último, no podemos pasar por alto que a lo largo de nuestro itinerario urbano nos encontraremos con grandes plazas que, recientemente, han sido decoradas por monumentales esculturas expresivas de las tendencias del *arte galego* actual. Su temática y características de estilo son variadas, pero en todo caso han servido para animar espacios hasta hace poco infrautilizados y acosados por la circulación rodada.

En esta doble página, distintas vistas de la Playa de Samil.

Dentro del municipio vigués, una escapada recomendable en verano consiste en tomar un barco que nos conduzca a las **Cíes**, islas casi deshabitadas donde disfrutar de sus playas, su paisaje vegetal y su fauna es un placer, siempre que el número de turistas no sea tan elevado como para impedirnos el deseado sosiego. Otra posibilidad similar nos la ofrecen las playas que se suceden en la carretera Vigo-Baiona, desde la popular y urbana Samil hasta Praia América, pasando por las de Canido y Patos, entre un nutrido conjunto de arenales susceptibles de uso por los turistas y veraneantes. De hecho, a diferencia de buena parte de Galicia, las opciones de practicar el turismo de sol y playa en el espacio centralizado por Vigo son muchas. En toda esta área el verano suele ser poco lluvioso, tanto que algunos expertos han calificado el clima local como oceánico húmedo con tendencia a la aridez estival. Las lluvias cesan casi por completo en julio e inicios de agosto, cuando el potencial de evaporación supera con mucho al agua recibida, por lo que se habla de sequedad, incluso de aridez.

Como suele ser habitual en Galicia, las principales fiestas y celebraciones multitudinarias de Vigo se concentran en primavera-verano. En el calendario de eventos hay que destacar dos sobre los restantes: el 28 de marzo, Día da Reconquista, donde se celebra no una victoria contra los musulmanes, sino la liberación de la ciudad de los franceses en la Guerra de la Independencia; y el primer domingo de agosto, en el que se realiza la multitudinaria procesión (varias decenas de miles de vigueses) del Cristo de la Victoria. Toda la primera semana de agosto debe considerarse como un momento clave en las festividades del conjunto de Vigo, con el San Lourenzo de Coruxo, la Nosa Señora das Neves en el monte de A Guía o la Romería del Chincho (jurel o chicharro pequeño) en la parroquia de Beade. Esto no es óbice para que las distintas periferias rururbanas del municipio celebren sus patrones al margen de estas fechas, a lo largo de la estación más cálida, así como distintas fiestas gastronómicas (empanada en Beade, mejillón en Castrelos, sardina en Teis, pulpo en Valadares, etc.).

A la izquierda, Donón, en las Islas Cíes.

Los sabrosos pescados y mariscos vigueses protagonizan las múltiples fiestas gastronómicas.

Vigo desde la península do Morrazo.

Sin salir mentalmente de Vigo, aunque sí lo hagamos en la realidad, se plantean algunas opciones a las que dedicar tan solo unas horas. La primera, y como continuación de lo anterior, disfrutar del sol y un baño en las playas de la península do Morrazo, al norte y enfrente de la ciudad.

Moaña. Arriba, vista del puerto y, abajo, iglesia de San Martino.

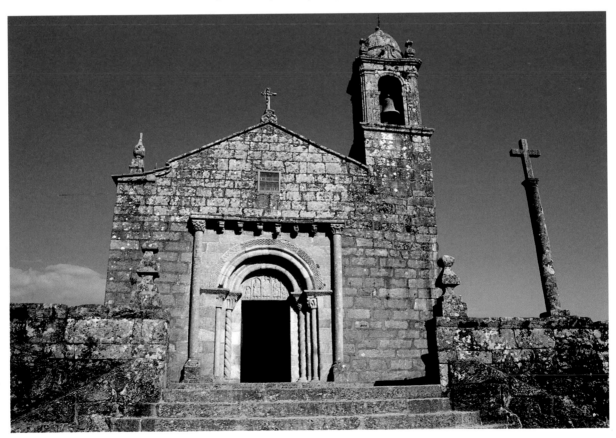

Cangas. Redes del puerto.

En esta área, destacamos dos playas, A Rodeira en pleno núcleo de Cangas, adonde llegamos mediante una travesía en los barcos de pasaje que atraviesan la ría, y no muy lejos de ella, la nudista de Barra. La segunda posibilidad, arriesgarse al oleaje de mar abierto en los arenales situados entre Baiona y A Guarda. La tercera, beneficiarse de la proximidad de Portugal (apenas a 20-25 minutos de Vigo) y desplazarse al núcleo comercial especializado de Valença do Minho o, con mayor esfuerzo, a la feria de Barcelos, dos buenas oportunidades de comprar productos textiles, cerámicos o vino de la nación vecina, cuyo extremo septentrional gravita mayoritariamente en torno a la ciudad de Vigo.
Tomando la ría como referencia fundamental, proponemos tres itinerarios que se pueden llevar a cabo de forma más reposada: un recorrido por los municipios de Cangas y Moaña, en el sur de O Morrazo; por Arcade-Soutomaior, en el sector más interno de este entrante oceánico; o un viaje centrado en Baiona.

Cangas.
Portada de la Colegiata.

Como acabamos de señalar, el desplazamiento a Cangas y Moaña puede materializarse con un billete en un vapor de la ría, o cruzando la misma por autopista en el puente de Rande. En este lugar se produjo una de las batallas más nefastas para la historia de la Marina española a comienzos del siglo XVIII, en plena Guerra de Sucesión. El ataque conjunto de las armadas inglesa y holandesa hizo refugiarse a la española dentro de la ría, donde intentó presentar batalla sin éxito, pues al final del episodio sólo se había logrado como consuelo hundir 28 naves propias antes de que cayesen en manos del enemigo. Todavía en la actualidad, diferentes equipos arqueológicos submarinos intentan rescatar de los fondos los restos de la flota de Rande.

El núcleo de **Cangas** (5.756 hab. en 1996) nos ofrece el atractivo de poder pasear por una villa marinera clásica, que en los últimos tiempos ha sabido potenciar su vocación turística cimentada en la proximidad de una serie de playas, y en la excelente comida a base de productos del mar que ofrecen sus restaurantes y tabernas.

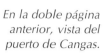

*En la doble página
anterior, vista del
puerto de Cangas.*

*Cangas.
Casa con patín.*

La organización del espacio urbano, donde destacan un conjunto de casas blasonadas y la Colegiata gótica, con elementos renacentistas, responde a la disposición propia de un pueblo desde siempre vinculado a la explotación de los recursos marinos.

Fue un importante centro en la caza de ballenas, lo que junto a Moaña le ha dejado como herencia una notable afición a las traineras. Además, Cangas cumplió un destacado papel como núcleo pionero en el desarrollo de la industria de conservas de pescado desde el siglo XIX. Aunque las empresas de este sector, así como los astilleros próximos, no atraviesen un período especialmente positivo, su localización a lo largo de todo el litoral sur del Morrazo nos ofrece la imagen de un espacio de gran dinamismo económico.

Mujeres de Coiro (Cangas).

El protagonismo histórico de las mujeres de Cangas es sobradamente conocido en toda Galicia. Mano de obra imprescindible en las conservas, agricultoras y rederas, fue un colectivo que sufrió muy duramente los asaltos de la villa en otras épocas. Entre los mismos, la supuesta incursión de piratas turcos en el siglo XVI, que influyó en la alteración del carácter de muchas de ellas. Por eso, Cangas se acostumbra a catalogar como *terra de meigas,* con el popular personaje de María Soliña como representativa de todas ellas.

A la izquierda, Cangas. Alzado de la Colegiata.

Hío. Cruceiro e iglesia parroquial.

Detalle del Cruceiro de Hío y, a la derecha, hórreos de Coiro (Cangas).

En el propio municipio de Cangas, y quizás para contrarrestar esa imagen de tierra de *meigas,* se encuentra el famoso Cruceiro de Hío, en la feligresía del mismo nombre. Al cruceiro se accede a partir de un desvío de la carretera 550, en su tramo Cangas-Bueu. Se encuentra situado en el atrio de la iglesia parroquial, donde fue tallado en el siglo XIX por José Cerviño. De porte monumental en su género, se representa la escena del descendimiento de Cristo sobre una gran peana y un fuste con las figuras de Adán y Eva, y la Virgen en el centro.

Vistas de Meira.

A la derecha, Coiro. Cruceiros.

*Puente de
Pontesampaio.*

Para recorrer **la parte interna de la ría de Vigo**, el antiguo trazado de la carretera que une a esta ciudad con Pontevedra es la mejor solución.

Este sector, donde el mar se adentra en tierra después de haber salvado el estrechamiento de Rande, se denomina la Ensenada de San Simón, en referencia a la isla que se sitúa en su centro. A pesar de su magnífico aspecto, que siempre nos invita a conocerla, la historia de sus usos recientes no puede ser más tenebrosa. Lo que originariamente sirvió de asentamiento a los templarios y luego a los franciscanos, con posterioridad fue utilizado como lazareto y en la postguerra como campo de prisioneros.

Si se pretende comer bien en esta ruta, Arcade presenta la oferta más amplia y variada. Sobresalen las ostras, las más afamadas de Galicia, aunque unos chocos en su tinta o unas almejas, productos típicos del intenso marisqueo de sus alrededores, tampoco desmerecen.

Puente de Rande.

Vista de Arcade.

Vista del castillo de Soutomaior.

Como sobremesa o posibilidad de visita antes de comer, el castillo de Soutomaior, bastante remodelado a lo largo de los siglos, nos permitirá evocar el poder de uno de los grandes y últimos señores feudales de la época bajomedieval, Pedro Madruga. Este conde poseía tierras y cotos tanto en el sur de Galicia como en el norte de Portugal, jugando con su doble dependencia de los reyes con jurisdicción en ambas orillas del Miño. Sus enfrentamientos con el obispo de Tui fueron notorios, llegando incluso a apresarlo y exhibirlo en las ferias encarcelado. También su papel en la represión de la revuelta antifeudal de los *irmandiños* en torno a 1470. Su declive comienza con la instalación en el poder de los Reyes Católicos, frente a los que mantuvo una posición de rebeldía hasta su muerte.

A la izquierda, jardines del castillo.

En esta doble página, diferentes vistas del castillo de Soutomaior: galería de las Damas y escudo.

Desde un punto de vista histórico-arquitectónico, el castillo de Soutomaior tiene su origen en una fortaleza medieval del siglo XIII, a pesar de que fue reformado a finales del XVIII y, más recientemente, en los últimos compases del XIX. Conserva de tiempos medievales dos cercas almenadas, las antiguas puertas y los restos de un puente levadizo, las torres de defensa, la capilla y la torre del homenaje, bastante alta y de planta rectangular. En contra de lo que pueda suponerse, la elegante galería de arcos ojivales existente, o Galería de las Damas, data de la restauración historicista efectuada a finales del siglo XIX.

Vista de Baiona.

Panxón. Templo votivo.

Debemos recordar que, como ya apuntamos, algunas de las mejores playas del área de Vigo se localizan en dirección sur, en parroquias del propio municipio ciudadano, en el litoral de Nigrán y en **Baiona**. Este pequeño núcleo urbano (2.644 hab. en 1996) tuvo mayor importancia que Vigo hasta el siglo XVIII, algo que no nos debe de sorprender considerando que se trataba de una villa de realengo ("Baiona la Real", reza su nombre completo), con libertad de comercio muy amplia. Por lo tanto, el hecho de que Martín Alonso Pinzón tocase tierra europea en Baiona en el primer viaje de regreso tras el descubrimiento de América, resulta bastante normal debido a la proyección externa de su puerto. Un puerto que en los siglos finales de la Edad Media ya mantenía contactos estables con ciudades italianas y del Mar del Norte, entre las que servía de puente.

En la doble página anterior, puerto de Baiona.

De estos períodos dorados de la historia de Baiona quedan algunos pazos urbanos y viviendas marineras de gran valor estético, la Colegiata del siglo XIII (de estilo románico tardío) y, muy particularmente, la fortaleza de Monte Real, hoy convertida en Parador Condes de Gondomar.
La Colegiata, o iglesia de Santa María, es de planta basilical de tres naves y otros tantos ábsides rectangulares, el central de grandes proporciones con ventanas románicas. Las naves ya evidencian la transición hacia un protogótico al cerrarse con arcos apuntados, en tanto que los ábsides presentan bóvedas de cañón apuntado. El exterior conserva un aspecto de fortaleza y la fachada, con dos contrafuertes, muestra un bonito rosetón también románico y los vestigios de un antiguo porche sobre la entrada.
En cuanto al castillo o fortaleza de Monte Real, decir que es una interesante ciudadela antigua con obras de distintas épocas. Posee murallas almenadas, que en su mayoría datan del siglo XVI, así como el trazado de los caminos que las rondan. También dispone de dos torres, la del Reloj y la del Príncipe, una vez más de la época moderna (siglos XVI y XVIII).

En la doble página siguiente, fortaleza de Monte Real.

Baiona. Colegiata de Santa María.

Castillo de Monte Real, actual Parador Condes de Gondomar. Abajo, Monumento al Encuentro entre dos Mundos.

Esta fortaleza acoge desde hace más de treinta años un Parador de Turismo, que se beneficia de su privilegiado punto de visión desde el que obtenemos una excelente panorámica de la costa sur de Galicia, precisamente donde el litoral forma la última ría y da paso a un trazado rectilíneo, resultado de la presencia de una falla, en dirección al puerto de A Guarda.

Baiona.
Rincón de la localidad.

Después de casi doscientos años de decadencia, Baiona se ha convertido en los últimos decenios en un notable polo de atracción turística, muy beneficiado por el funcionamiento del Parador en Monte Real y por la existencia de uno de los clubes náuticos más afamados de España.

Desde Baiona podemos plantearnos sin dificultad dos cortas visitas, una hacia el norte y otra en dirección sur. La primera de apenas 3 o 4 kilómetros permite acercarnos a la parroquia de A Ramallosa, en el territorio limítrofe de Nigrán. En A Ramallosa hay que visitar la *ponte vella* o de San Telmo, construida por este obispo de Tui en el siglo XII. En sus arcos refleja la transición del románico al gótico y aunque fue objeto de una restauración en 1926 conserva la mayoría de su fábrica original.

Baiona. Productos típicos.

Baiona. Casa del Deán Mendoza.

A Ramallosa. Puente sobre el río Miñor.

Además está la iglesia de San Pedro, cuyo aspecto actual responde casi exclusivamente a su reedificación de mediados del XVI, y un conjunto de casas o escuelas hechas por indianos a inicios del siglo XX, catalogadas por su valor arquitectónico. En concreto, Baiona, Gondomar y Nigrán fueron tierras de intensa emigración a América y, como consecuencia de la actuación en ultramar de las sociedades de emigrantes originarios de estos lugares, hoy en día nos encontramos en una de las comarcas de Galicia con mayor número de escuelas, infraestructuras y otros equipamientos públicos financiados por estos colectivos de *indianos.*

Monasterio de Sta. Mª de Oia.

A la derecha, viñedos de O Rosal.

Al sur de Baiona, y antes de la desembocadura del Miño, se sitúan los municipios de Oia, O Rosal y A Guarda. En Oia, territorio rural por excelencia, es obligado visitar el antiguo monasterio cisterciense de Santa María. Fundado por el rey de Galicia y Castilla Alfonso VII a comienzos del siglo XII, cuenta con una iglesia de tres naves y planta de cruz latina.
Refleja las características del denominado estilo cisterciense, en el tránsito del románico al gótico, con su sencillez y ausencia de decoración. De esta época sigue mostrándose el predominio de arcos y bóvedas apuntadas, si bien la fachada fue remodelada por completo a comienzos del siglo XVII en estilo barroco.

*O Rosal.
Muíños
do Folón.*

O Rosal. Iglesia.

El término de O Rosal se ha hecho muy popular por la calidad de sus vinos (una de las subzonas de la denominación Rías Baixas) y su riqueza hortifrutícola. También por el magnífico ejemplo de aprovechamiento tradicional de las aguas fluviales mediante la construcción del importante conjunto de molinos, conocidos como los *muíños do Folón*. Finalmente, A Guarda es un prototípico puerto pesquero especializado en las capturas de cefalópodos y crustáceos (sobre todo langosta). Muchos de sus marineros trabajan en caladeros alejados. En su territorio, el castro de Santa Tegra permite disfrutar de uno de los ejemplos mejor conservados de poblado protohistórico de Galicia, junto a las excelentes vistas de la desembocadura del Miño que se pueden contemplar desde la cumbre del monte en el que se instala.

O Rosal. Muíños do Folón.

Castro de Sta. Tegra.

Como último apunte a nuestro recorrido por Vigo y su ría, cabe referirse a la gastronomía típica de este espacio.

Para cualquier visitante hay que recomendar el consumo de pescados y mariscos, ya que nos encontramos ante uno de los tramos del litoral español con mayor número de capturas y desembarcos. A muy buen precio disponemos de especies pelágicas, cercanas a la costa y que se desplazan por las aguas superficiales, sobre todo sardinas y jureles. También los cefalópodos, calamares, chocos, chipirones y, por supuesto, el pulpo, que se elabora a la plancha, en guiso o cocido, con el objetivo de conservar lo mejor posible el sabor de unos productos recién traídos del mar.

Entre los moluscos bivalbos sobresale la disponibilidad de mejillones y almejas; los primeros cultivados en las bateas de la ría, las segundas recolectadas en los arenales de la ensenada de San Simón. Como los crustáceos (percebes, nécoras, centollas y langostas), se suelen cocer. A pesar de que Vigo y algunos territorios del extremo sur de Galicia sean cuna de afamados restauradores, lo más normal es cocinar poco, aplicar el calor mínimo a los productos que vienen del mar y respetar así su sabor originario.

A veces ni siquiera eso: las ostras de A Pedra y Arcade se degustan *al natural* o con algo de limón.

Navajas y mejillones.

Ostras al natural.

Pulpo á feira.

Vistas de A Guarda.

Por último, la proximidad de Portugal invita a preparar el bacalao de muy diversas formas, también con aceitunas negras, pues Vigo es la ciudad *olívica,* del olivo, donde hasta hace no muchos años existía una relativa presencia de este árbol gracias a la benignidad térmica invernal.

Para beber, recomendamos vino blanco, preferentemente de la denominación Rías Baixas, hecho con uva albariña y procedente de las cercanas subzonas de *O Rosal y O Condado.* La proximidad a Ourense y Ribadavia también justifica que Vigo se aprovisione bastante bien de caldos del Ribeiro. Donde hay vino suele disponerse de aguardiente, blanca, de hierbas o licor café, para tomar cuando se finaliza una copiosa comida.

Bacalao con aceitunas.

Viñedos de las Rías Baixas.